JN437980

항해하는 지성인

한 두 현 제03시집

을지출판공사

■ 시인의 말

지성인이여 항해하라

배불러서일까
등 따스워서일까

바람 부는 대로
물결치는 대로 표류하는 배

여기저기 보이는데
땀 흘려 노 젓는 배 드물어

지성인이여
항해하지 않는다면 난파하리

어렵게 어렵게
무인고도에 닿은들 구차한 삶

누굴 탓하랴
깨어 있지 않는 그대들의 책임인 걸

2019년 새해 아침

각공서재에서
中里 한 두 현

Contents

차례

Contents

제 2 부 영원한 떠돌이 돛배

Contents

제 3 부 어려서나 늙어서나

Contents

제 4 부 멍청한 조물주

Contents

Contents

제 6 부 토종똥개의 천재성

Contents

제 7 부 이게 나라냐

제 1 부

맛의 여행, 인생

주인 닮은 모자

우리나라에
웬 토네이도가 부는 순간

머리를 떠나
너른 차도에 내팽개쳐진 캡

떼굴떼굴 구르다
저 멀리 복판에 꼿꼿한 모습으로 서 있다

차들이 몰려와
넘고 넘어가도 살려달라고 아우성도 없이

너무 너무 의젓해
이리 뛰고 저리 뛰며 발버둥 칠만도 한데

큰일을 당하면
오히려 침착해지는 주인을 닮았다는 생각에 감동

모자도 모자도

10여 년을 함께하면 배우는데 “인간보다 낫지 않은가”

2017. 4. 14

식당 등급

특급 : 따뜻한 정까지도 있는 식당

A급 : 서비스까지만 있는 식당

B급 : 맛까지만 있는 식당

C급 : 값만 싼 식당

D급 : 비싸기만 한 식당

* 단골식당에서 날 주려고 쑥을 뜯어와 끓여준 봄 쑥국 향에 취해

2017. 4. 19

어린이 구경도 못한 어린이날

곰곰이
기억을 더듬어 보니

어제 하루
집에서도 사무실에도 식당에서도 산보 길에서도

어린이를
만나보지 못했다

얼마나
놀기 좋은 곳이 많기에 서울구경은 옛말

9%미만이라더니
줄기도 많이 줄어든 게 피부로 느껴지네

프로부모 바람 언제 불어
어린이가 행복하게 무럭무럭 자라는 세상 만들까

2017. 5. 6

고운 연인 해운대

연을 맺은 지
어언 반세기가 되었네

처음 만나
너무 뜨거운 열정에 입은 화상의 추억

언제 만나도
앙탈 한 번 부리지 않는 고운 마음씨

세월은 흘려버렸나
주름살 없는 고운 흰 피부를 드러낸 자태

그댈 바라보며
마음이 흔들리지 않을 사나이 있을 수 있으랴

반짝반짝 떨어지는
수많은 별똥별 안은 푸른 물결에 몸을 담근 채

아름다운 동백섬

후원으로 갖추고 아담하고 깔끔한 조선비치도 돋보여

어찌 찾지 않으리
내년에도 내후년에도 몸뚱이 하나 이끌고 그대 품속으로

2017. 5. 22

참 어려운 조문

망설이다
망설이다 보니 일주일이 훌쩍

자식 앞세운 조문
난생처음 하는 일이라 더욱

잘나가던 딸
40대 후반 명문대 나와 좋은 직장

결혼해 아들 하나
남편과 함께 미국에서 해외 근무 중

너무 유능해서
하늘나라에 급히 쓰려 데려간 거라고

운을 뗀 다음
우리 할아버지가 68세 돌아가시기 직전

26세에 돌아가신

내 아버지의 삶을 부러워하셨다는 얘기로

세상에 나와 공부도 실컷 해보고 직장도 가져 보고
결혼도 해보고 아들딸도 낳아 보고 깨끗이 가셨다는 뜻

죽고 사는 건 인간능력 밖
언젠가는 가야 하는 거니까 너무 슬퍼만 할 일은 아닌 듯

2017. 5. 25

영원한 현역이 좋아

오늘도
나는 현역이다

아침 일찍
차 몰고 출근하는

껍데기도
흰 와이셔츠 넥타이 싱글

속 내용도
사무실에 나와 시 쓰고 서원을 위한

일 년 100수
시집 한 권씩 출판해 돌리니 누가 봐도

전직은 흘러간 노래
아무리 화려하다 해도 김빠진 맥주 꼴밖에

영원한 현역이 좋아
목숨 다하는 순간까지 껍데기도 내용도 꽉 찬

2017. 5. 29

여행은 먹는 거야

여행은 먹는 거야

눈으로
귀로
코로
혀로
몸으로
마음으로

일상에
싫증난 육감에 생기를

얼마나
굶겼기에 실컷 아주 실컷

먹고 또 먹었더니
한 십 년은 젊어진 느낌이다

* 병치레로 8년 동안 못하던 여행을 해운대에 다녀와

2017. 5. 20

바로 거기가 파라다이스

혼자 보기 아까운 경치라면

혼자 듣기 아까운 소리라면

혼자 먹기 아까운 맛이라면

혼자 마시기 아까운 공기라면

혼자 느끼기 아까운 즐거움이라면

혼자 되새기기 아까운 추억이라면

바로 그 순간 거기가 파라다이스라네

* 금혼식 날 남양주 북한강가 닥터맨 창가에 앉아 시원한 수상 스키 타는 모습을 바라보며

2017. 5. 30

무뜩무뜩 떠오르는 어머니

좋은 음식 먹을 때
좋은 경치 바라볼 때

좋은 일
좋은 일이 있을 때

어머니 생각이
무뜩무뜩 떠오른다

이상하다
나쁜 일이 있을 땐 전혀 아닌 데

아무래도
좋은 음식을 차려 놓고 차례라도

다음에
해외여행을 갈 때는 사진이라도 들고

돌아가신 지

반세기가 지나가는 데도 무뚝무뚝

이처럼 끈끈한 정
어찌 이어 가리 자식 낳아 기르지 않는다면

2017. 6. 3

맛의 여행, 인생

엄마 젖 맛
얼마나 환상적이었기에 다섯 살까지

엄마, 할아버지 얘기 맛
볼 것 들을 것 없는 시대 아주 실컷

학교 가니 공부 맛
누구도 경쟁 상대가 안되니 더욱 맛나

취업하니 일 맛
열심히 하면 주위의 칭송과 돈도 생겨

결혼하니 아내 자식 맛
아들 딸 둘 둘이 적을 만큼 만족한 가족

불어나는 돈 맛
투자하는 대로 부쩍부쩍 처음 느껴 본 풍요

은퇴해 조각 글 쓰는 맛

삶의 진짜 맛이 일이나 돈만 아니라는 걸

엄마, 할아버지의 준엄한
절대 맛도 보지 말라는 어려서 가르침

노름의 맛
미약의 맛
빨갱이의 맛

팔십 평생 잘도 지켜 왔는데 나만으론 안 되는 빨갱이

2017. 6. 6

나만의 공간

나만의 공간은
언제나 뿌듯한 행복감을 준다

사람뿐이랴
동식물도 자신만의 공간 확보가 삶이다

서재 속도 자가용 속도
사무실 속도 나만의 공간이어서 즐겁다

눈에 보이지 않는 공간
사상도 공상도 명상도 시 작품 세계 속도

나만의 공간 있어
뒹굴고 훨훨 날고 꼬집고 비틀고 고함지른다

형이상학적뿐이랴
보고 듣고 먹고 자고 싸고 건강이 보장된 공간

알고 보면

삶도 행복도 별것 아닌 작은 공간 확보면 충분한데

가로수가 겪는 날벼락처럼
자기의사와 상관없이 어느 날 송두리째 뽑힐까 저어
한다

2017. 6. 12

고고한 척 도도한 척

산불이 났다
세찬 바람 우리 동네 덮칠지 몰라

전전긍긍하는데
초연하게 고고하고 도도한 친구 있어

알고 보니
강 건너에 피신할 곳 이미 마련했구나

거기다 대고
아무리 걱정을 한들 나만 초라해질 뿐

화마에 목숨 재산 날리는
죽고 사는 문제 뉘인들 고고 도도할 수 있으랴

이제라도 이제라도
산불이 덮치기 전에 강 건너 피신처를 마련해야 하나

2017. 6. 21

호식이두마리치킨

최호식 회장
겉으론 죄송 속으론 쾌재

사고를 쳐도
나처럼 쳐야지 미스터피자는 뭐야

이걸 먹으면
사람을 패도록 난폭해진다면 누가 사먹어

돈도 명예도 다 버리고
20대 여비서를 택했노라 방방곡곡 홍보를 해야지

그렇게 쎄저 그렇게 쎄저
그럼 우리도 그럼 우리도 하는 소리가 들려오는 듯

* 미스터 피자 회장은 문 잠근 경비원을 때려 입건,
호식이두마리치킨 회장은 젊은 여비서를 성추행하다 입건

2017. 6. 24

제 2 부

영원한 떠돌이 돛배

어색한 그림

얼핏 보면
영락없이 젊은 십장이

십여 명의 늙은 일꾼
데리고 와 점심하는 그림인데

아무래도 이상해
십장은 먹질 않고 나가면서

굽실굽실거리며
이 사람 저 사람 향해 맛있게 드시라는데

먹는 이들의 표정
너무너무 무반응이라 이해가 안가

주인에 물어보니
어느 스폰서가 쪽방노인에게 한턱내는 거란다

고맙지 않으면

먹질 말든지 얻어먹으려면 고마운 얼굴이라도

물주는 나타나지 않고
부리는 책사만 와서 굽실굽실거리는 것도 그래

내는 이는 상 아래 내려 주고
늙은이들은 마지못해 얻드려 먹는 어색한 그림인 듯

2017. 6. 30

날마다 하는 나들이지만

하나하나 챙긴다

선크림 덧칠은 했나
적은 머리숱은 정리됐나

넥타이는 바른가
흰 와이셔츠는 깨끗한가

모자는 챙겼나
양복은 더럽지 않나

목욕재계는 했나
속옷은 갈아입었나

의관정제용모단정(衣冠整齊容貌端正)
점검이 끝나면 청려장을 짚고 나선다

허리를 꼿꼿이 펴고
얼굴에는 온화한 미소를 머금는다

아는 이 없는 종로거리지만
나를 위해 남을 위해 우리 전통을 위해

날마다 하는 나들이지만 옛 선비처럼

2017. 7. 6

만보기의 교훈

만보기가
사보타주를 한다

들쑥날쑥
기분 내키는 대로

참다못해
의료기기점을 찾았더니

내 걸음 탓만
그냥 쓰라는 걸 싸구려 하나 샀지

이게 웬걸
이리도 싹싹하게 잘해 줄 줄이야

한 10년 달고 다니던 녀석
서랍창고에 넣어버리려니 애석하지만

자업자득인 걸

주인의 기력 떨어졌으면 맞출 일이지

자기 할 일 못하면
언제 퇴출될지 모르는 게 사람인들 다르랴

2017. 7. 24

꽃송이 의장대

아침저녁
꽃송이 의장대를 사열한다

아내가 정성껏
가꿔 놓은 싱그러운 꽃송이들

대뜰과 마당에서
아름다운 자태를 뽐내고 있는 모습

글로벌 시대라
세계 각지에서 선발된 미모각축장

나도 격에 맞게
정장차림에 똑바른 자세로 의젓하게

피아노 건반을 훑듯
고개를 살짝 돌려 당당히 품격 지키며

젊어서는 꽃밭
늙어서는 꽃송이 너무너무 좋은 꽃 속 삶

2017. 8. 2

샅샅이 훑는 부고란

매일매일
부고란 샅샅이 훑는다

행여
마지막 인사 놓칠세라

지켜 온 인연보다
사라지는 인연이 더 중요해

외로운 길
얼마나 위안이 될까 상상하면

어찌
하루인들 소홀히 할 수 있으리오

오늘도
백사장에서 바늘 찾는 기분으로

2017. 7. 21

점심 한 끼

점심 한 끼도
만만치 않다는 생각이 든다

식당도 테이블도
메뉴도 주방조리사도 똑같은데

뭔가 다르다
어제 맛과 오늘 맛이

혀가 같다고 하니
눈 코 귀 몸이 벌떼같이 일어나

너만 같으면 되냐?
우리는 이렇게 저렇게 다르다 항의를 한다

허긴 그래
젊고 싹싹한 서빙아줌마가 휴가를 떠났으니 말이야

2017. 8. 4

영원한 떠돌이 돛배

눈만 뜨면
돛배는 섬을 향해 달려갑니다

태풍 아니면
눈비나 거친 파도 따윈 아랑곳없이

오라는 것도 아니지만
가고 싶은 오르고 싶은 섬이 너무 많아

배 안에는
늘 장미꽃 한 송이 고이고이 간직한 채

기암괴석에 숲이 우거진
무릉도원 찾아 이 섬 저 섬 기웃기웃

크고 튼튼한 돛이
풍랑에 부러지지 않는 한 높이 치켜들고

떠나면 조상 대대로

이어져 내려온 생태 누구도 말리지 못해

섬이 없는 바다
돛배는 상상도 할 수 없다며 신나게 달려갑니다

2007. 8. 18

수사자 동창회 단상

갈퀴가 듬성듬성한
수사자들 동기 동창회 어색해

아마도 아마도
어울리기 잘하는 암사자들 다를 테지

목 갈퀴 빠졌어도
한창때 제왕의 수컷 기질 남아 있지

포효하며 살아온
별판 다르다 보니 같은 걸 찾기 어려워

한배 속 나온
형제들도 한자리 모여 있으면 다투기 십상

같은 해 들어간
인연 하나 뿐 배움터의 추억 너무너무 적어

싫으나 좋으나

난청인 수사자들 울부짖는 소음 참아내야

늙어도 늙어도
중성화가 되지 않는 놈일수록 어울리기 어려운 자리

2017. 8. 26

술은 영원한 애인

날이면 날마다
저녁이면 술 사랑으로 지샜지

술에 절어 사시던
할머니가 어릴 적 소개해 주신 애인

너무너무 사랑해
남의 눈에 띄는 게 싫어 집에 숨겨 두고

사랑하는 애인
욕 먹이는 일은 단 한 번도 한 적이 없다

음주 운전은 물론
술주정 음주 폭언 폭행 갈지자걸음의 흐트러짐도

외국 여행 귀국길엔
미녀 한둘은 꼭 데리고 와 아까워 바라보기만

수많은 연인들이

목 빠지게 기다리고 있다는 것만으로도 행복해

난다 하는 미녀 몇 명은
저승길에 함께하려고 고이고이 모셔 놓고 있지

지난번 원인 모를 황달이
혹여 애인 때문이라는 누를 끼칠까 봐 요즘 각방 중

2017. 9. 3

하누소 연인

떠나가다니
떠나가신다니

수많은
아가씨가 훌쩍훌쩍 사라져도
그대만은
그대만은 상상도 안 한 일이 벌어져

늘 짓는 미소
상냥한 말씨 아리따운 자태 보기 힘든 귀부인

얼마나 고마웠나
중병치레할 때 걱정스런 눈빛으로 위로해 준 마음씨

이럴 줄 알았으면
자주자주 들렀을 걸 너무너무 아쉬운 이별 어찌하리

기대해 본다

우리 인연 남아 있어 언제 다시 만날 수 있길 간절히 간절히

* 하누소 연인 : 하누소 오너가족으로 대졸 티, 의사부인 티도 안 내고 서빙도 열심히던 보기 힘들게 겸손하고 아름다운 이사 장내경 여사.

2017. 9. 10

히잡 쓴 세 여인

연노랑 연분홍 연초록
히잡 쓴 채 주방 입구에 다소곳이

얼마나 얼마나
여름 내내 바람 피우고 피웠기에

눈마저 가린
온 머리 휘감는 벌 받았단 말인가

너야 너야
얼마나 답답하랴만 측은하면서도 귀여워

어릴 적 어릴 적
오줌싸개 키 쓰고 소금 얻는 게 연상돼

한철만 한철만
뒷방 들어가 묵묵히 참선이나 하려무나

따뜻한 계절 오면

언제 그랬느냐는 듯 너희 바람 그리워 해

너희는 바람 피워 좋고
구경꾼 시원해 좋은 세상 머지않아 오리라

2017. 9. 24

길 위의 만남

뚜벅뚜벅
점심 산보길 위

한 노인
뒤따르다 옆에 와

치켜 올려다보며
"나보다 한 자는 더 높네요"

순간 떠오른 말
"키 크고 싱겁지 않은 놈 없다잖아요"

몇 발짝 앞서더니 우뚝 서
"일정 소학생 때 왜놈한테는 안 졌지요"

"아! 그러셨군요"
키 작은 싸움꾼 많이 보아온 터라 진심으로

키 콤플렉스 푼 노인도
의병대장이나 된 듯 나도 청려장을 휘두르며 콧노래

2017. 10. 4

혼밥 홀대 시대를 넘으니

종로생활 20년
초창기엔 혼밥 홀대 대단했지

점심시간 피해
들어가면서도 주인 눈치 보며 혼잔데요

오죽했으면
홀로일 땐 미군C레이션으로 때우기도

손님 불러들여
절반 이상은 함께 어울려 다녔지

지내 놓고 보니
어느덧 내가 혼밥 개척자가 된 느낌

이럭저럭
종로 중심으로 서울식당 100여 곳은 돌아

쌓이고 쌓인

수많은 사람 음식 인연 엮고 싶은 충동도

갈 곳이 만만찮더니
어디를 가 줄까 고민하는 혼밥고객이 되었다네

누군들 짐작이나 했으리오
강산 두 번 변하는 세월에 인간사회 이리 변할 줄

2017. 10. 15

가을

가을이
오긴 왔나 보다

바람이
하늘 구름 걷어 내니

다가오는 여인
얼굴 10년은 젊어 보이고

앞서가는 여인
궁둥이 20년은 젊어 보이니

가슴속 이는 바람
태풍 되어 감당하기 어려워라

2017. 9. 8

제 3 부

어려서나 늙어서나

걸어 다니는 시계

육 척 장신
청려장 휘적휘적 저으며

걸어가면
자기 시계 보는 사람 있다

벌써 시간
하는 표정 지으며 심심찮게

중고품 시계
송해로 창덕궁로 율곡로 조계사로 인사로

빤짝빤짝
시계 거리 누빈 시절 있었지

원도봉산 아래
아주 오랜 공장장 근무 점심시간

망월사계곡

쌍용사 대원사 산보하면 산장주인

저기저기
시계불알 지나간다 놀릴 만큼

언제고 내 시간
멈출 때 걷어 다니는 시계 자취 감추리

2017. 9. 13

사랑채 사랑 사나이

어제도 오늘도
일요일도 공휴일도 추석 설날도

나와 있다
아침 7시면 중병 전에는 6시에

가깝기나 하나
안채와 사랑채는 25리나 떨어져 있어

걸어서가 아니고
승용차 운전의 즐거움까지 선사한다

안채는 생활공간
사랑채는 수도 도량이랄까 TV도 라디오도 없이

얼마나 편안하면
몸이 편치 않은 날에도 나오면 병이 나으니

안채와 사랑채 사이에는

아파트 단지도 고궁도 성곽도 학교도 대학 병원도 있다

물론 내 소유지는 아니지만
넓고 넓은 대지를 놀릴 수 없어 이용하게 한 기분으로

매일매일 즐긴다
안채 사랑채 사이를 오락가락하면서 온 세상을 얻은 듯

2017. 10. 22

게릴라전 명수 모기

매일 밤
결투가 치열하다 게릴라 모기와

어찌나 영리한지
좀처럼 나타나질 않는다 잠들기 전에는

공격받으면
불을 켜고 샅샅이 뒤져 전술핵을 퍼붓는다

전략핵으로
온 방 안을 폭격하면 쉽지만 되도록 피한다

체급으로 보나
무장으로 보나 한두 마리 잡자고 핵폭격까진

강취가 목적인 모기를
살상해야만 끝이 나는 싸움은 명분부터 달린다

그나 어찌하랴

아직 중생이라 피를 선선히 보시할 마음이 없으니

나이 들어 음파탐지기도
고장이 나고 격투솜씨도 무디어져 할 수 없이 핵이라

이겨도 치사하고
지면 가려워 화가 나는 게릴라 모기와의 격투는 늘 지는
게임

2017. 10. 24

어려서나 늙어서나

물로 배를 채운다
어려서는 살[米]이 적어
늙어서는 살[肉]이 많아

군것질을 못한다
어려서는 살 돈이 없어
늙어서는 건강을 위해

독서가 어렵다
어려서는 책이 없어서
늙어서는 눈이 아파서

일찍 일어난다
어려서는 공부하느라
늙어서는 잠이 적어서

술 담배를 안 한다
어려서는 법을 지키느라
늙어서는 몸을 지키느라

외모에 신경을 쓴다
어려서는 잘난 체 하느라
늙어서는 추하게 보일까 봐

여자가 귀중하다
어려서는 어머니
늙어서는 마누라

고독을 즐긴다
어려서는 사람이 적어서
늙어서는 군중에 묻혀서

궁리에 빠져 있다
어려서는 이룰 꿈을 위해
늙어서는 마무리를 잘 하려

2017. 11. 3

힘이 나는 콤비마이

옷에도
입으면 힘이 솟는 녀석이 있다

나에게도
특별한 인연의 그런 마이 한 벌

조직 소재는
보기만 해도 씩씩한 아문젠 소모직물

컬러는
베이지와 그레이의 고급스런 보카시

출생지는
명동 이병철 회장의 단골 이용화양복점

연대는
80년대 초 회사 중책을 맡았던 전성기

동행은

주로 밀라노 파리 런던 전시 관람 해외 출장

만나면
“선배님 아주 멋지십니다”란 말을 들어가며

아직도
유사한 소재의 콤비를 만나지 못한 희소성까지

지금도
명품답게 꼿꼿한 자세로 버티는 친구와 산보를 즐긴다

2017. 11. 5

추억의 발걸음 1

하도 무료해
추억 더듬은 발걸음

중병 전
매일같이 찾던 삼청공원

오다가다
점심에 들르던 별궁청국장 집

10여 년이 지나
아직도 있을까 하는 호기심까지

원체 유명해
뒷골목인데도 집도 맛도 그대로

다만 주인영감
몰라보게 늙어 세상 무상함이 와 닿네

아무리 부침 심해도

존재할 만한 가치 있으면 남는다는 교훈

갈 땐 멀쩡해
우산 준비 안 해 눈비 맞는 추억까지 맛본 하루

2017. 11. 25

아름다운 고사 문화

시월상달
햇곡 고사떡 한 시루 쪄

아내는
제사를 관장하는 성직자

주인 방에 계신
조상신께 자손을 잘 보호해 주십사

대청마루에 계신
성주신께 집을 잘 지켜 보호해 주십사

부엌에 계신
조왕신께 모든 길흉을 잘 관장해 주십사

마당에 계신
터주신께 집터를 잘 지켜 보호해 주십사

주부 방에 계신

삼신신께 아이를 잘 점지해 자손 번창케해 주십사

비나이다
비나이다

우리 집안 우리 자손
올 한 해 잘 부살펴 주셔 감사감사 돌아오는 새해에도
그저그저

신에 바친 고사떡
온 동네 이집 저집 돌려주면 부담 없어 즐겨 받아먹는
아름다운 문화

2017. 11. 29

달려라 DNA

얼마나
달리는 DNA가 중요했기에

몇 해 전까지도
훨훨 날아 집도 산도 넘는 꿈

오늘 새벽
어둠 뚫고 달리니 너무너무 흐뭇해

머나먼 조상
사바나에서 쫓기고 쫓는 속도가 바로 생명

잘도 달린 자만이
살아남아 자손 퍼뜨렸으니 스피드광 당연해

다시 태어나면
빛의 속도로 너르고 너른 우주 달리고 싶어라

2017. 11. 27

날씬한 양복장의 행복

지난가을
추억도 다가올 봄 걱정도

다 버려
지금 필요한 것만 챙기니

이렇게
행복한 걸 왜 이제까지

과거 미래
다 부둥켜안고 쩔쩔매었는지

그래그래
현재만 생각하기도 벅찬데 오지랖 넓게

비우자 비우자
행복의 시작도 종착점도 다 비움에 있음이야

2017. 12. 6

첫 소낙눈 운전의 쾌감

일요일 새벽
소낙눈이 펑 펑 펑

제설차
삼양로엔 감 감 감

술 취한 듯
이리 비틀 저리 비틀

오랜만에
맛본 스릴과 서스펜스

갈까 말까
망설이다 에라 모르겠다

비상등 켠 채
비탈진 언덕 오르락내리락

염화칼슘 뒤범벅

서울에선 좀처럼 만나기 어려워

차도 나도
안전히 도착한 즐거운 곡예운전

언제 이런 찬스 또
아쉬운 추억의 한 페이지로 남아

2017. 12. 10

말 잘 듣는 지팡이 도우미

요즘 같은 계절
지팡이만 한 수행 도우미는 없다

미끄러워
짚어라 하면 짚고 떼라 하면 떼고

명령이 떨어지자마자
군소리 없이 바로바로 수행한다

거기다
월급 휴가 보너스를 달라길 하나

밥도 안 먹어
밥값도 안 들어가고 반찬투정도 없다

아프다 징징
신경 쓰고 눈치 보게 행동하길 하나

미리미리

스케줄을 말하질 않아도 가자면 즉시즉시

길을 걷다
위험한 상황이 되면 몸 사리지 않고 나서니

많고 많은 도우미
지팡이의 반만 돼도 삶이 아주 여유로우리라

2017. 12. 13

아름다운 추억의 손짓

온 세상
하얀 눈으로 덮이면

아름다운 추억
어서 오라 손짓하네

종묘 숲에서도
창경궁 연못가에서도

삼청공원
허리 구부린 울창한 소나무도

저 멀리
눈부신 면사포 쓴 북한산 나무도

어이하리
순수한 네게 달려갈 수 없는 나

이해해 주렴

마음을 따라주지 못하는 몸뚱이

이룰 수 없어
더욱더 빤짝빤짝 빛나는 너의 손짓

2017. 12. 21

기쁨의 인연된 박시진 양

이게
꿈이요 생시요

애잔한 인연이
기쁨의 인연으로 바뀔 줄이야

우리 부부
면회하러 갔다 수술 후 바로 퇴원이란

황당한
얘기에 너무 놀라 늘 애잔한 추억 되씹다

살아 있다니
너무너무 큰 새해 선물을 받아 뛸 듯 기뻐

글 솜씨
아주 깔끔하고 맛깔스러워 좋은 글 기대

의학 혜택

우리 두 목숨 살렸으니 건강히 오래오래

아름다운 삶
이어 가며 어려운 이웃에게 힘이 되어 주길

주위에 진 빚
많고 많아 다 갚을 때까지 살려면 백수 훌쩍

2018. 1. 14

구세군 딸랑이

YMCA
모퉁이 구세군 딸랑이

불편해
달포 점심때 지나다니기가

누구 하나
넣기는커녕 눈길도 주지 않으니

차라리
흔드느니 알바라도 해 채우는 게

변해야 하나
넣는 냄비가 아닌 꺼내가라는 냄비로

아무튼
이 생각 저 생각 하게 한 풍경이 사라져

오늘은
가벼운 마음으로 산책을 즐길 수 있었다

2017. 12. 30

제 4 부

멍청한 조물주

공수래공수거

모르는 소리
공수래공수거는 아니야

굳이 말한다면
福手來 福手去가 맞아

올 때도 갈 때도
우리 손에는 福통장 하나씩

자기가 지은 업
영원히 자기 것 늘 지고 다니니

복 많이 지으면
이승도 행복 저승도 행복하지만

복 짓지 않고 쓰기만 하면
바닥나는 날 거렁뱅이로 추락해

눈에 보이는 것만 믿는 이

바라보기에도 아슬아슬해 언제 깨우칠까

하기야 그래서
빈부귀천이 돌고 돌아 세상이 살 만한 게지만

2017. 4. 30

깊고 넓은 무력감의 늪

늪에 빠진 게
한두 번이 아닌데

이리도
깊고 넓은 늪은 처음이다

어려서 일제의 늪
6.25때 인공의 늪

1.4후퇴 때 피란의 늪
몇 번의 죽을 고비의 늪도

이러지는 않았다
허우적 허우적거리다 보면 빠져나가리란

희망이 있었고
견디어 낼 힘과 젊음이 있었지만 지금은
탈출구가 안 보인다
해는 서산에 걸쳐 있어 어둠이 머지않았는데

끝날 때까지는 끝이 아니라 했지
희망을 가지고 견디어 보자 구원의 헬리콥터가 올지도
모르니

2017. 7. 11

祖上神이 답이다

공부한 만큼
시험 운이 따르지 않거나

노력한 만큼
사업 운이 잘 풀리지 않는다면

자기 자신이
조상신을 잘 받들었는가를 돌이켜 보라

제사 차례를 비롯
벌초나 성묘는 어김없이 잘 하고 있는지

조상신은 반드시 존재한다
부처신이나 예수신이나 마호메트신이 있다면

다만 다른 점은
인간능력 차이만큼 조상신과의 능력차가 있을 뿐

명심해야 할 일은

조상신은 자손만이 돌봐야 하기 때문에 애증(愛憎)이 있다

당신이 죽어
빼빼 굶고 있다면 자손한테 내릴 게 복일까 채찍일까 상상해 봐라

2017. 7. 26

동물을 애완한다

생로병사가
우리 인간보다 짧은 동물을

자기 부모도
늙고 병들면 외면하는 인간이

젊고 건강할 때
귀여워하다가 버릴 궁리 안할까

부모에 효도도
못하는 이는 꿈도 꾸지 말아야 할 일

누가 존엄한 생명을
가두고 학대하고 끌고 다녀도 된다 했던가

자기가 짓고 있는 업이
얼마나 무서운 줄 안다면 선불리 나서리오

잘난 척 착한 척

동물을 보호하는 척 하느니 안 기르기 운동이 좋으리라

병들고 학대받고
버림받고 죽임받는 저 수많은 동물의 원성을 듣는다면

2017. 8. 8

푸닥거리

얼마 만인가?
어려서 어머니가 답답할 때 가끔 하시던

푸닥거리
불교의 구병 시식이나 천주교의 구마 기도처럼

병이 안날 때
집에서 자주 행하던 잡귀 쫓는 무속의식인데

미신 미신이라
왜정 때 하도 심하게 욕을 먹어 뒷전에 숨어

세상은 좋아져
부끄러워할 것 없이 떳떳하게 해도 되니

아내가 한 달여
심한 악몽에 시달리다 못해 택한 처방이 들어

깨끗이 해결

숙면을 하게 되었다니 과학 문명도 모르는 귀신의 존재

엉뚱한 욕심
우리 국민에게 붙어 날뛰는 빨갱이의 넋 쫓아낼 푸닥거리

2017. 9. 6

한글의 짙은 그림자

밝은 태양 그림자에
빛을 잃은 수많은 별들처럼

빛나는 한글 그림자에
빛을 잃은 우리말이 불쌍해

한글 전용이라니
우리말의 70%는 한자로 되어 있는데

짙은 그늘에 묻혀
숨도 크게 못 쉬는 우리말 어이할꼬

한글이야
세계에서 유래를 찾기 힘든 좋은 글자이지만

우리말 또한
아름다운 어휘가 많고 많아 우리 문화의 자랑

우리글 한글이

아무리 위대하다 해도 말의 뜻은 나타내지 못해

고급문화 민족의 자부심
지켜 나가려면 지금이라도 전용정책 접어야 하리

세종대왕도
지하에서 우리말의 장래를 걱정해 눈물 흘리리라

2017. 10. 11

상투 위에 앉은 개

개가
사람을 죽이면 5만 원 벌금

사람이
개를 죽이면 징역살이라니

개는
온갖 영양분 찾아 먹이면서

자기는
돈이 없어 라면 먹는 펫푸어족

개만도 못한
정치인 교육자 부모 자식 많다 보니

개가
사람 상투 위에 앉아 큰소리치는 세상

어찌 개를 탓하랴

개만도 못한 인간이 자초한 자업자득

개견(犬)자는 누가 만들었는지
사람인(人)자 위에 갓(?)에 별(?)까지 달아주었으니

수수천 년 전
이런 세상 오리라 예상한 놀라운 혜안 머리 숙여지네

2017. 10. 27

나를 만든 엄마 무릎

주춧돌 격 예의범절
애비 없는 후레자식 면하려

기둥 격 학업 성취
맹모삼천지교로 자연스레

대들보 격 효도보은
많고 많은 효자 효녀 실화로

서까래 격 정직 근검절약
편모가정이 인간답게 살기 위해

지붕 격 애국 반공사상
일제 치하에서 겪은 일화 바탕으로

학교 사회에서 이룬 건
벽 쌓기 온돌 놓기 마루 깔기 도배 정도라

나도 놀랐다

엄마 무릎 위 가르침이 이리도 엄청나다는데

걱정이 앞선다
엄마 무릎 일찍 떠난 아이들 누가 제대로 만들어 줄지

2017. 10. 31

銀杏木의 코웃음

가소로워
요즘 인간들 하는 짓

몇백만 년 인간이
몇억 년 우리 은행가족의

귀여운 열매
냄새가 싫어 암나무는 없앤다니

빙하기를 넘어
살아남은 우리 노하우를 무시해

결혼도 출산도 싫다는
너희 오만 어찌 종족 보존하리

뭐? 만물의 영장
우리가 보기엔 우물가 애기 같아

부모 자식이 서로 칼질

툭하면 싸움박질로 괴롭히질 않나

이제까지 본 종으론
가장 악랄하고 교활한 게 너희 인간이야

바뀌지 않는다면
머지않아 멸종을 당하리라 역사가 그랬으니

2017. 11. 12

복엔 대가가 따른다

권력엔
감옥의 그림자가 따른다

재벌엔
사회의 따가운 눈총이 따른다

완장엔
복수의 한이 완장 차고 따른다

좌파 정권엔
찌든 가난의 그림자가 따른다

강성 노조엔
비정규직의 사무친 원한이 따른다

인기 연예인엔
마녀사냥의 손길이 넘나든다

미남 남편엔

곁눈질하는 버릇이 따라온다

미녀 아내엔
금고 비어 가는 소리가 들린다

엘리트 자식엔
진정한 효심이 멀리 달아난다

장수 고령엔
추한 모습이 보는 이를 괴롭힌다

2017. 11. 18

환대받는 발우공양 습관

먹을
만큼 받아

싹싹
쓸어 먹는다

쌀 한 톨
야채 한 점도 남김없이

식탁까지
온 노고를 생각한다면

도저히
쓰레기로 보낼 수 없어

내가
아낀 음식 누군가에 돌아가리

환대 환대

나같이 깨끗이 먹는 이 못 보았다고

발우공양 정신
문화인의 표상인데 옆 테이블 눈살 찌푸리게 해

너도나도
싹싹 쓸어 우리 인간 품위 높여봄이 좋지 않으랴

2017. 12. 15

멍청한 조물주

난
조물주 존재 인정하지 않지만

만일 있다면
인간설계를 멍청하게 했다고 본다

내가 조물주라면
生老病死가 아닌 生少罪死로 했을 거다

나이 먹을수록 더 젊어지고
죗값에 따라 생명이 단축되어 죽는 인생

6.25 원흉 김일성 스탈린
전쟁 일으키기 전에 죽어 평화가 유지됐을 테고

살인마 김정일 김정은
김일성이 일찍 죽어 정권 못 잡아 북핵도 없을 테고

죄 많은 정치인

50세 넘어 대통령 출마하는 자 존재하지 않을 테고

살인 일삼는 독재정권
존재할 수 없으니 인류의 평화는 저절로 굴러 올 텐데

하나 더 재미있는 건
프리포즈 하려던 청년 할머니가 더 예뻐 할머니한테 하는 세상

2017. 12. 26

기억의 넋두리

나한테만
왜 그리도 야박해

눈한테는
안경도 사 주고

귀한테는
보청기도 끼워 주고

발한테는
지팡이도 짚어 주면서

내가 좀 늦으면
건망증이니 치매니 호들갑을

젊어서 심하게 부려 먹고
공부하랴 수백 명 사람 이름 외우랴

나도 늙어 부른다고

바로바로 나올 수 없다는 걸 알아야지

말하다가 좀 늦으면
망신시켰다고 버럭버럭 화를 내질 않나

미리미리 준비하든지
잠시 기다리면 될 걸 억울한 병명까지 붙여 가며

2018. 1. 12

제 5 부

입에 곰팡이

설마 愛馬마저

육체가
반기를 들면

정신이
정신을 차릴 수 없어

운전 중
갑자기 찾아온 현기증

비상등 켜고
잠시 멈추었다가 오다니

제발 제발
나의 애마일랑 빼앗지 마시구려

저승 갈 때에도
남의 손에 맡기지 않으려한 자부심인 걸

천리마를 빼앗긴 장군이
터덜터덜 걸어가는 초라한 모습을 보려 하는가

2017. 4. 23

느린 내리막길

봉와직염 후유증
오른쪽 발목뼈 수술

항암 치료 후유증
발바닥 마비가 아직도

엎친 데 덮치니
지팡이 짚고도 내리막길

느리고 느리다
정상인 속도의 반의반도 안 되게

내리막 계단은
하나하나가 아닌 모으고 모아야 겨우

되도록 되도록
평지만 골라 걷다 보니 고궁도 어려워

어차피 길만이 아닌

삶도 내리막길인데 더디더디 걷다 보면

좋은 일도 있을 듯
늦게 늦게 도달하리 인생 내리막길 끝자락

2017. 4. 26

몸이 하자는 대로

요즘은
몸이 하자는 대로 한다

자고 싶다면
밤낮 가리지 않고 자고

쉬고 싶다면
장소 가리지 않고 쉬고

먹고 싶다면
때 가리지 않고 먹어 댄다

젊어서 너무
마음이 하자는 대로 고분고분한 게

억울한 모양인지
갚음이라도 하려는 듯 몸의 주장이 강하다

여행을 가고 싶어도

하다못해 교외로 신나게 드라이브라도 하고 싶어도

브레이크를 건다
갔다 와서 아프다고 칭얼대지 않을 자신 있으면 하라고

영원한 강자는 없는 듯
몸의 명령에 따르는 마음을 보고 있노라면 웃음이 난다

2017. 4. 28

늙은이날

나만일까
어린이날에 늙은이날 떠올리는 이

너무너무
과잉보호로 시들시들해지는 어린이

너무너무
무관심 속에 시나브로 사라지는 늙은이

너무너무 해
어린이는 헌장에 공휴일에 떠들썩하면서

늙은이날은
있는지 없는지 헌장도 공휴일도 없구나

누가 있어
늙은이도 소외되지 않은 세상 가꾸어 주려나

2017. 5. 5

배곯는 어버이날

자식 넷에
겨우겨우 어버이날 밥 한 끼

둘이면
밥 반 끼에 만족해야 했으리니

자식 체면에
복지회관 점심 얻어먹으러 가기도 꺼려

집에 홀로 앉아
문밖만 바라보는 어버이마음 가누기 어려워라

잘 하라고 정한 날
어쩌다 어버이들 배곯는 날로 흘러가고 있는지

2017. 5. 8

세브란스 국제공항

바캉스 계절이라
한산하겠지 하는 세브란스 병원

어찌나 북적북적한지
가만히 보니 여기도 국제공항이라

출국 수속을 밟는 모습
주위를 살필 여유도 없이 왔다 갔다

뚜렷한 특징 하나
하나같이 여행용 큰 가방이 없다는 점

조그마한 손가방에
배웅 나온 이가 한 명 있거나 혼자거나

아무리 아무리 살펴도
출국장은 있어도 입국장은 찾을 수 없어

머나먼 길을 떠나는 모양인데

짐도 없이 현지 조달이 충분한 곳인 모양

한번 떠나가면 영영인가
웃음기 활기 걷힌 얼굴이 자꾸자꾸 눈에 밟혀

2017. 8. 10

유통기간 터지는 소리

여기저기
유통기간 터지는 소리

승용차
네비게이션 먹통 신호로

사무실 형광등
뒤질세라 너도나도 캄캄

전동칫솔 덩달아
한몫하겠다고 드르륵 드르륵

이게 아니다 싶어
몸을 움츠려 조심하려는데

벌써 찾아 왔구나
갑가기 열이 오르더니 오줌색이

부랴부랴 진찰

CT 혈액 소변검사 결과 황달에 간염

유통기간 지난 건
얌전히 숨어 지내야지 퇴출 면하려면

2017. 8. 14

몸 안의 명의

우리는
몸 안에 명의를 모시고 살지만

너나없이
알아차리지 못하거나 무시해 버린다

명의가 아니었다면
이미 이 세상에 살아남을 수 없었을 텐데

늦게 아주 늦게
죽을 고비를 몇 번 넘기면 조금씩 알아차린다

신호를 보내면
지상명령으로 알고 고분고분 잘 따르면 되는 걸

젊어서나 힘이 넘칠 때는
너무너무 잘난 체 해 자기 멋대로 살다가 혼쭐이

천하의 신의편작(神醫扁鵲)도

말 안 듣는 환자 고칠 수 없거늘 몸 안의 명의인들

요즘은 소통이 잘 돼
하루하루를 시키는 대로 잘 따라 생활하니 편안하다

몸 안의 일뿐만 아니라
에지력도 뛰어나 몸에 좋고 나쁜 것 미리미리 가려주
기도

2017. 8. 22

팔십 줄에 접어드니

팔십
줄에 접어드니

이상하리만큼
구십까지는 순탄하리라는 감이 든다

만년설산을
넘은 자신감만이 아니다

끝없이 펼쳐진
사막을 걸어 봤기 때문만이 아니다

범선에 태풍 만나
무사히 돌아왔기 때문만이 아니다

노도처럼 흐르는
넓고 넓은 강을 건너본 경험 때문만이 아니다

이유는

너무너무 간단하다

위험을
무릅쓰지 않을 지혜가 있기 때문이다

2017. 10. 6

입에 곰팡이

입에 거미줄 칠
걱정하는 시대 물러가니

입에 곰팡이 필
걱정하는 시대 몰려와

말하는 생벙어리
속앓이하는 한숨소리

노란 은행잎 되어
여기저기 나뒹굴어 짓밟힌다

2017. 11. 9

할아버지 생각

미워하기도 가장
존경하기도 가장이던 할아버지

20년 맺어진 인연
많고도 많지만 요즘 들어 나는 생각

행낭 좀 할멈에게
'자주 놀러와' 라는 애길 해 수군수군한

늙었다는 것밖엔
어울릴 구석이 아무리 찾아도 찾을 수 없는

이젠 이해가 가는 듯
얼마나 얼마나 대화 상대가 그리웠으면 그랬을까

2017. 11. 15

수명 120세 인간시대

설마 설마 했는데
120세 인간시대가 보이네

우리나라 100세 인구
자그마치 15,000명이라니

내가 100세 때는
30,000명은 족히 될 터라

적어도 100세까진
살아 있을 수 있음에 대비한 계획

30세까지 학습기
60세까지 보은기
90세까지 득도기

120세까지
무슨 수로 자립하느냐가 관건

돈도 몸도 정신도
홀로 서지 못한다면 참다운 삶이 아닐 터

아주 아주 어려운 문제를
마지막에 풀어야 하는 운명의 인간이 되어

하루하루 알차게 살아 해결하는 길밖에 더 있으리

2017. 12. 19

할배들 멋 좀 내시구려

와이셔츠
넥타이는 어디다 두고

후줄근한
점퍼때기나 걸치고 다니나

젊어서야
그것도 멋스러웠지만 이젠 아니거든

살 날이
아직 가마아득히 남아 날로 추해질 텐데

지금부터
노숙자 차림으로 손가락질 받아 어찌하려구

가슴을 활짝
허리가 꼿꼿이 안 되면 지팡이에 의지해서라도

당당히 당당히

종로거리를 활보해 지난날의 자부심을 지키시구려

누가 일군 나란데
누가 가꾼 집안인데 집에서나 밖에서나 왜 움츠러드나

더도 덜도 말고
할매들 멋 부리는 만큼만이라도 하면 세상이 밝아지리니

2018. 1. 6

새로 난 통과의례

백세시대
이르는 길에 새로 난

통과의례
저승문턱에 놓인 연명

예전엔
출생 성인 결혼 죽음

현재는
출생 성인 결혼 연명 죽음

우글우글
인공의 연명인간 거리 가득

염라대왕
하릴없이 의사 손길만 바라보네

2018. 1. 17

제 6 부

토종똥개의 천재성

종묘 나들이

오랜만에
종묘엘 들르니

노란 개나리도
분홍 진달래도 화사한 벚꽃도

왔다 가고
빨간 철쭉만이 초록 새싹과 다투네

날이 갈수록
철쭉은 지고 초록은 파랑으로 바뀔 테니

지하 임금님들
진작 빨간 장미라도 심을 걸 걱정하는 듯

저승에서 근심이
아무리 크다 해도 이승만이야 하오리까

다다음주 토요일
*종묘대재 때 붉은 예복 입은 굿판에 기대할 수밖에

*5/7일 종묘대재, 5/9일 대선 투표일.

2017. 4. 22

머슴도 머슴 나름

어릴 적
우리 집엔 머슴이 있었다

좋은 일꾼이 들어와
꾀부리지 않고 알아서 잘 해주면 다행

나쁜 일꾼이면
한 해 농사도 부실해지고 신경이 무척 쓰여

집 땅문서만 꼭 쥐고 있으면
안전하고 싫으면 다음 해 바꾸면 되는데도

그런데 그런데 말이다
표 받을 때까지만 머슴머슴 하다가 정해지면

상전으로 둔갑하는
우리나라 머슴이 어제 결정되었으니 아주 큰일

집 땅문서까지도

만지작거릴 권리가 있고 자그마치 5년 계약이라

먹고 사는 문제만 걸린 집 머슴도 아닌
죽고 사는 문제까지 걸린 나라 머슴이니 어이할꼬

오르리 오르리라
빨간딱지 찬이슬 매춘 해가 갈수록 천정부지 천정부지로

2017. 5. 10

멧돼지 떼의 습격

선량한 농사꾼
멧돼지 떼의 습격을 받아 벽장 속에 숨다니

땅 살 때 한 푼 보태길 했나
밭 일굴 때 뗏장 하나 파내길 했나

밭 갈고 씨 뿌리고 김 맬 때 훼방만 놓더니
곡식 무르익으니 제 것이라고 떼 지어 빼앗는구나

부당함을 부르짖어야 무엇 하리
언제 멧돼지 떼가 말이 통하는 족속이었던가?

똘똘 뭉칠 줄도 거친 싸움도 서투른
선한 농사꾼 빼앗긴 안방 내려다보며 한숨만 내쉬는구나

착한 농사꾼들이여!
자기 것도 지키지 못한다면 착한 게 아니라 바보라는 걸
알아야

2017. 5. 12

거꾸로 제발

역겨워 정말 역겨워
뉴스 첫머리에 악취 정치 얘기라니

아리따운 기상 캐스터
일기예보부터 시작한다면 좋을 텐데

억지루 억지로
보기 싫은 상판대기를 보여 주는 심보

놀부를 닮은 겐가
살아남기 위한 비굴한 술수가 아니라면

제발 제발
거꾸로 거꾸로 순서를 바꾸렴 너 좋고 나 좋게

뉴스 시간이면
스위치를 들고 켰다 껐다 해야 하니 내가 귀찮아

2017. 5. 14

베일 벗는 빨심 촛불

아는 이는
다 아는 일이지만

막상 벗겨지니
너무너무 기가 막혀

촛불이 민심이라
외치던 무리들 반성도 안하니

전교조 민노총 종북시민 단체
진 빚 내놓으라 아우성치는 꼴

민심은 변수 빨심은 상수
최고 백만 인파에 반반이라면

한두 번 빼고는
민심은 들러리 빨심 촛불이라

그런데도 그런데도

촛불 정치하겠다는 정권 어찌하리

빚 갚으려다
나라꼴은 휴전선을 넘을지도 모르는 일

2017. 5. 27

내로남불

귀머거리 정권
바람잡이 정권으로 바뀌니

얼빠진 민중
짝 짝 짝 박수소리 요란하다

아주 아주
많이 많이 많이 바뀌었다고

하기야 내로남불이
남불내로로 바뀌었으니 180도

* 내로남불: 내가 하면 로맨스 남이 하면 불륜

2017. 6. 4

유섬나의 부푼 꿈

팽목항에 가
단순한 희생자에게 "고맙다"고 한

세월호 정권
아마도 아마도 오늘 촛불환영에

모르시 몰라
인천공항에서 무궁화훈장 수여라도

우리 아버지 유병언
세월호 사건 일으킨 특등 공신이니

* 유병언의 맏딸 유섬나가 프랑스에서 돌아오는 날

2017. 6. 7

나의 버킷리스트

나의 버킷리스트

1호도 moon정복
2호도 moon정복
3호도 moon정복
――――――――――――
――――――――――――
――――――――――――
100호도 moon정복

한국 최초
세계 최고령자로

확실하게
질근질근 밟아 주고 싶다

* 버킷리스트(Bucket List) : 죽기 전에 꼭 하고 싶은 일의 목록

2017. 7. 15

아홉 잃고 건진 하나

으스름 달밤
여기저기 도깨비불이 번쩍번쩍

언제 어디서
머리 푼 소복의 귀신 나타날지 몰라

귀는 쫑긋쫑긋
온몸에 돋아나는 소름을 견뎌 내는 요즘

한 가지 얻은 것은
정신 바짝 차리고 주위를 샅샅이 살피다 보니

졸음도 무서움도
느슨하던 판단력도 기억력도 사라져 버렸구나

잃기만 하는 삶은 없나 보다
이대로 한 5년 지내다 보면 치매걱정은 안 할 듯

2017. 7. 18

암탉이나 참새나

암탉 모가지 비틀고
참새가 그 자리 차지하니

날이면 날마다
훨훨 날아다니며 박수소리 짝짝짝

알 낳는 암탉보다
쇼 잘하는 참새 재롱에 정신 홀려

확실히 친화적
봉당이고 마루고 부엌이고 가까이 오니

농촌 폐해 모르는
젊은이 도시민 귀염 귀염 소리만 요란

머지않아
곡간이 비어 가고 벼 이삭이 익어 갈 때면

잡아라 잡아야 산다

여기저기서 아우성 소리 새총소리 탕 탕 탕

아무리 잘나봐야
암탉이나 참새나 새 대가리다 보니 무엇을 기대하리

나라가 되려면
하나못해 마소 대가리는 돼야 할 텐데 걱정만 바다

2017. 8. 28

나도 싫어진 현대차

둘째가라면
서러워할 애국자가 현대차가 싫다니

정확히 말하면
자기밖에 모르는 강성귀족 노조의 행패

우리보다 잘사는
일본 도요다보다 연봉은 높고 생산성은 반

한 해도 거르지 않고
파업하면 쉽게 들어주는 한심한 4류 경영진

비정규직 하도급업체와
점점 더 벌어지는 임금격차 심각한 사회문제인데

솔직한 심정
"초가삼간 다 타도 빈대 죽는 게 시원하다"는 정도

회사 문 닫을 때까지

자기 몫만 챙기는 화적떼 이상도 이하도 아니다

너무 순진한 건 아닌지
저들의 원대한 목표가 바로 거기일지도 모르는데

2017. 8. 30

노점상의 빠른 손놀림

갑자기
노점상의 손놀림이 빨라졌다

순식간에
트렁크나 시커먼 비닐봉지 속으로

들어간
각양각색의 잡화는 입을 꼭 다무니

단속반
정리가 끝나길 기다리다 나타난 듯

못 본 척
모르는 척 설렁설렁 왔다 갔다 한다

뒷골목까지 단속하며
물건을 압류도 하고 신원조사도 하였는데

길바닥 정권답게

종로3가 북쪽 인도가 꽉 채워지도록 내버려 두더니

오늘에야 나타나
세금 먹기가 미안했나 보지 파리 쫓듯 팔만 휘휘

그나저나
익숙한 노섬상의 빠른 손놀림이 무료함을 날려준 하루

2017. 10. 9

항해냐 표류냐

물결치는 대로
바람 부는 대로 흘러가는 군상

옛 선비 욕하며
훨씬 못하게 편한 대로 몸을

배라도 고프면
진지하게 인생을 고민하련만

배부른 돼지 되어
항해는 포기한 채 표류를 하다니

언제 어디서
난파를 당할지 무인고도에 도달할지

나침판도 없이
대한민국호는 미지의 미래를 향해 흐르네

세계 곳곳 난파선
승객 하나하나 깨어 있지 않아 당한 비극임을 보면서도

2018. 1. 9

안희정의 나라 사랑

얼마나
얼마나 걱정 심했기에

자기 몸 불살라
기우는 나라 바로잡으려

좌파가 우파보다
깨끗하지도 정의롭지도 않다는 웅변

아마도 핏속에
순흥 안씨 안중근 의사의 DNA가 있어

고목 아무개
시인처럼 손으로 하늘을 가리려 하지도

한 번도 어려운 강간
네 번씩이나 말이 되느냐고 항변도 없이

도지사직

즉시 내려놓고 정치활동 중단 선언한 결단

누가 뭐라 해도
나는 그대의 나라 사랑 칭송해 박수 친다네

2018. 3. 7

토종똥개의 천재성

입은 옷
한 꺼풀 한 꺼풀 벗겨

먼지를
털고 털어도 시원찮으면

형틀에
묶고 압착기로 온몸을 짠다

입으로
토해 낸 오물 밑으로 싼 똥

토종개 핥으며
무엇을 먹었는지 용케도 알아내면

넓고 너른 광장
능지처참 현장엔 박수부대가 몰려든다

심심찮게 반복되는 행사

인이 박힌 관중 다음엔 더 자극적인 걸 기대해

토종똥개의 천재성
더욱더 갈고 닦아야 보신탕집에 끌려가지 않으리라

먼 산 바라기 부대
울분 대신 기대에 부풀이 오른다 더 멋진 똥개쇼*를 그리며

* 똥개쇼 : 선진국 미국에는 없는 쇼.

2018. 3. 25

IMF 20주년

날씨도 쌀쌀

취업도 쌀쌀

장사도 쌀쌀

노사도 쌀쌀

정치도 쌀쌀

경제도 쌀쌀

사회도 쌀쌀

빈부도 쌀쌀

출산도 쌀쌀

안보도 쌀쌀

미래도 쌀쌀

마음도 쌀쌀

종북좌파만 후끈후끈

2017. 11. 23

제 7 부

이게 나라냐

이게 나라냐 1

나라라면
국민의 생명을 안전하게 보장해야

1조 원의 방어용 사드무기
거저 갖다 놔 준다는 데 미적미적

적국 북괴의 친구 중공
눈치 살피느라 동맹국 미국의 비난받는

안보가 안 보이는 나라
적에게 백기 투항하려는 속셈일까 오싹오싹

이게 나라냐?

2017. 6. 15

이게 나라냐 2

6.25 발발 맨 처음 달려와
혁혁한 전공에 7,094명이나 전사한

우리나라 은인 중 은인 미2사단
백주년 기념행사를 쑥대밭으로 만든 친북좌파

대한민국이 이미 접수된 건가
어찌 어찌 백주 대낮에 이런 일이 벌어지다니

은혜를 원수로 갚는 오랑캐 짓
뒷짐 진 채 바라만 보는 좌파정권아

이게 나라냐?

2017. 6. 16

이게 나라냐 3

대선 公約 인사 排除 5대원칙
병역면탈 위장전입 부동산투기 세금탈루 논문표절

언제 空約으로 바뀐 것도 모자라
인사 優待 5대 원칙이 됐는지 훈장 자랑하듯 너무너무 당당해

더욱더욱 괴상한 것은
비리가 터질 때마다 제공한 자를 적폐세력이라 외치는 여당

소위 코드인사 장관 후보자들
아무리 끼리끼리 논다지만 시정잡배 수준도 안 되니

이게 나라냐?

2017. 7. 1

이게 나라냐 4

오죽했으면
국정 역사 교과서를 만들었을까

좌편향 일색으로
초중고교 역사 교과서로 세뇌교육 받아

북한 김일성 부자는 찬양
이승만 박정희는 폄하하는 난센스로

친북좌파 양성 걱정돼
만든 게 설령 우편향 역사 교과서라 하자

자유민주주의 시장경제 체제
대한민국에서 역사 교육은 좌편향 일색만 허용

절대로 끼워 줄 수 없어 폐기라니
스스로 주사파정권임을 자인하는 꼴

이게 나라냐?

2017. 7. 7

이게 나라냐 5

성주는
이미 해방구가 된 겐가

시위대가
경찰차를 검문검색 한다니

국민세금 경찰이
할 일을 안 하고 손 놓고 있는 겐가

길 막힌 사드부대는
헬리콥터로 병력도 유류도 보급한다니

좌파정권 위 시위대라
아무리 그들 힘으로 권력을 잡았다 해도

여기는 엄연한 대한민국
접수된 지역이 아니라면 어찌 치외법권 지대 꼴

이게 나라냐?

2017. 7. 13

이게 나라냐 6

오늘날 우리가
자유민주주의와 풍요를 누리는 게 누구 덕이냐

이승만 대통령이
해방 후 어렵게 어렵게 자유민주공화국을 세워

6.25남침 때 스탈린 모택동을 입은
김일성 공산주의자로부터 피 흘려 지켜 낸 덕이고

박정희 대통령이
맨주먹으로 세계 역사상에도 유례를 찾을 수 없는

빠른 시일 내에 확고한
산업화를 이룬 덕에 풍요를 누리고 있지 않은가

두 불세출의 지도자가
독재를 한 흠이 있다 한들 김일성 왕조독재에 비할 바
인가

그런데 정권이 바뀌자마자
지난해 결정한 박대통령탄신백주년 기념우표 발행을 취소하다니

아무리 주사파라 할지라도
은혜는 알아야지 어찌 이런 패륜아 짓을 서슴없이 하는지

이게 나라냐?

2017. 7. 28

이게 나라냐 7

시계 호주머니 속
늘 비상금을 넣고 다니면서도

중학 3년간
먹고 싶은 왕사탕 하나도 안 사 먹고

아끼고 아끼고
불리고 불려 노후에 안정된 생활을 하는 나

도저히 동의할 수 없어
한 가정도 파탄이 나면 가족이 거지 되는데

가는 곳마다
수십 조씩 퍼 주는 얘기만 나오니 나라 거덜 시간문제

어떻게 더 벌어들이고
덜 쓰겠다는 말은 없으니 그리스나 남미 좌파정권이 언
상돼

아무래도 이해 안가
온 국민을 굶주리게 해 적화 통일을 앞당기려는 정략이
라면 몰라도

이게 나라냐?

2017. 8. 15

이게 나라냐 8

"한반도에서
두 번 다시 전쟁은 안 된다"

대통령이
72주년 8.15경축사에서 부르짖은 기막힌 외침

임진왜란 병자호란 선조 인조가
"조선에서 전쟁은 안 된다"라 했으면 될 걸 그랬나

적은 핵 우린 재래식 무기
계란으로 바위 깨기인데 동맹국 철수만 부추기는 꼴

역사적 사실이 하나 있긴 하지
총 한 방 안 쏘고 평화적으로 해결한 매국노 이완용의 묘수

솔솔 흘러나오는 미군철수론

꽉 붙들고 늘어져도 시원찮을 판에 슬슬 떠미는 형국의 정국

이게 나라냐?

2017. 8. 20

이게 나라냐 9

핵 개발도
전술핵 재배치도 동의하지 않는다니

북은 수소탄
남북 군사력 균형 '100대 0'으로 무너졌는데

군 통수권자가
남북평화 유지 및 동북아핵개발 촉발 우려라니

이미 깨진 남북평화
5,000만 국민 핵인질로 북괴에 바치자는 건지

여론조사라면
껌벅 죽으면서 6~70%가 찬성하는데 무얼 믿고

국회 의결이나
국민투표를 거쳐 결정해야 할 사항을 오만불손하게

이게 나라냐?

2017. 9. 15

이게 나라냐 10

눈만 뜨면
기업 목 죄는 소리가 들린다

비정규직 제로(0)
최저임금 급격 인상 법정 근로시간 단축

견디지 못한 회사
하나 둘씩 문을 닫고 해외로 떠나간다

한국 경제 최대 약점
경직된 노동부문인데 노동개혁 '양대지침' 도 폐기

저성과자 해고 허용
고용방식의 허용범위 넓히는 게 고용 늘리는 방향

노동개혁 막아
기존 노동자 기득권 지켜 주는 꼴로 청년실업자 증가

기업가는 나쁜 놈

노동자는 착한 피해자란 빨간 논리로 망가지는 경제

이게 나라냐?

2017. 9. 27

이게 나라냐 11

드디어
빨간 본색이 드러났다

"한미동맹
깨져도 전쟁은 안 된다"

"북한 핵 · 미사일
남조선 적화통일 가능해질 수도"

천기누설
문정인 외교안보특보의 입을 통해

맞장구치듯
대통령은 "핵무장도 전술핵도 안 된다"

5,000만 국민
북에 내어주고 전쟁만 하지 말자는 정부

어떻게 얻은

자유민주주의인데 몇몇 좌파 손에 포기할 수야

피와 땀이 범벅이 된다 해도
대한민국은 지켜 내야 하는데 좌파정권이 훼방이라

이게 나라냐?

2017. 9. 29

이게 나라냐 12

새마을 운동
이름도 깃발도 내린다니

무슨 죄? 왜?
경부고속도로도 포항제철도 폭파하지

이렇게 안하무인
속 좁은 정권 아직 듣도 보도 못했다

근면 · 자조 · 협동
대한민국을 만든 위대한 정신적 유산

국제사회도 인정
배우러 달려오는 우리의 자랑 군이 없앤다

이게 나라냐?

2017. 10. 1

이게 나라냐 13

2015. 11. 14일 밤
불법 폭력 시위 생중계방송

처음서 끝까지
시청한 사람은 잘잘못을 잘 안다

전과 달리
종방이 생겨 생생하게 중계방송을 했으니

철제 사다리, 쇠파이프,
죽봉, 보도블록, 철제 새총, 밧줄로 무장한 폭도

무법천지 복면 폭력시위
경찰차 50대 파손, 경찰관 113명 부상을 입힌 사건

밧줄로 버스를 끌어내려다
물대포를 맞아 쓰러졌다 입원 사망한 백남기 씨 가해자로

경찰관 4명 2년이 지난 이제 와

정권이 바뀌었다고 업무상과실치사 혐의로 불구속 기소
하다니

종방 시청자는 다 안다
경찰이 당하기만 하다 겨우 법대로 살수만 한 게 무슨
범죄냐는 걸

과실치사라면 똑같이
물대포를 맞은 다른 사람도 쓰러지고 입원하고 죽었어
야 하지 않나

국민이나 공권력의 안전은 뒷전
눈에 보이는 건 자기들과 한편인 듯 불법 폭력 시위대만
챙기는 집권자

이게 나라냐?

2017. 10. 19

이게 나라냐 14

'3 No' 라니
우방국도 아닌 적성국 중공에

○사드 추가배치 검토 안 한다.
○미국 MD 불참입장 변함이 없다.
○한 · 미 · 일 안보 협력이 군사동맹으로 변하지 않는다.

'3 Yes' 라 해야지
당신네가 북핵을 계속 즐기면 우리는 할 거라고

사드는 1기가 아니라
3기가 되어야 우리나라를 커버할 수 있는데 안 한다니

중공의 사드반대는
미군철수를 시키기 위해 한다는 건 삼척동자도 아는 일

사드 피해는 이미 10조

사과 한마디 못 받고 서둘러 주권까지 포기하는 발언 서슴없이

이게 나라냐?

2017. 11. 1

이게 나라냐 15

뙤놈 뙤놈
우리는 그렇게 살았는데

국빈으로 간
대통령이 국민의 자존심을

차관보급 영접
팔을 치는 외교부장
열 끼 중 여덟 끼 혼밥
리거창 총리 오찬 거절
국빈만찬 취재 불능 깜깜
공동성명은커녕 공동언론 발표문도 없이

더욱 한심한 건
취재기자가 집단 폭행 당하고도
사과나 유감표명 하나 받지 못한 무능

이런 상황에 한국은 작은 나라지만
중국몽에 함께하겠다는 아첨까지 한 저자세

인구 5,200만에 3만 달러 육박하는 7번째 나란데

국민의 가슴
갈가리 찢어 놓은 자 반드시 역사의 심판을 받으리라

이게 나라냐?

2017. 12. 16

이게 나라냐 16

김○○
고용노동부장관
신임 인사를 갔다네

○영주
시명수배자
민주노총 사무총장에게

설마
설마 설마
뻘건 대낮에 대한민국에서

아이들
무엇을 보고
무엇을 배워야 할지 헷갈리네

이게 나라냐?

2017. 12. 24

이게 나라냐 17

탄저균 공격
너무너무 무시무시

살아도
같이 살고

죽어도
같이 죽어야 할 텐데

청와대
자기들 백신만 들여오다니

말이야
국민이 주인이라 떠들면서

제1순위
아무래도 일선 장병일 텐데

전선 무너져

인민군에 포위당하면 어찌하나

이게 나라냐?

2017. 12. 29

■ 시집 평설

中里 한두현 詩의 人間존재론 비판 美學

–한두현 제03시집 ≪항해하는 지성인≫

石蘭史 이 수 화

〈PEN고문 · 한국문협22대 부이사장 · 한국문학비평가협회 명예회장〉

이 시집 '한두현 제03시집 ≪항해하는 지성인≫' 은 중리(中里, 한두현 시인의 아호)의 시전집(詩全集) 이후 세 번째 단행본 시집이다. 〈因緣〉 · 〈인왕산〉 · 〈서원의 길〉 · 〈마중물〉 · 〈몽당연필〉 · 〈징검다리〉 · 〈태풍아〉 · 〈어느 여의사〉 · 〈몰록〉 · 〈호모사피엔스〉 등 도합 10권의 중리(中里) 시 정혼과 시정신의 찬연한 혼유기법으로 빚어진 '한두현 시전집(1~2권)' 의 평단반응은 컸다.

『중리(中里) 한두현의 해학과 풍자시는 다니엘 데포(Daniel Defoe, 英소설가)의 "풍자란 개혁이다"라고 한 명제에 직립한 독자적 감성과 길항적 시정신을 구현한다. 더불어 매섭고도 포복절도할 우국개세적 풍자와 해학의 국문학적 계승이 돋보인다. 특히 그의 해학은 은유의 고급한 웃음을 자아내는 레토릭이 빛을 뿜고, 풍자의 휴머니티는 우리를 눈물짓게 웃기면서 너와 나를 편가름 없이 즐겁게 삶을 관통케 한다.

—이수화(시인, 문학평론가, 한국문학비평가협회 회장, 명예문학박사)』

『한두현의 시는 그의 사상의 줄기를 공고화하는 방편으로 상식적인 상상의 줄기를 땅에 뿌리내리고 하늘로 향하는 지향의 의도가 선명하다. 이는 황당한 이야기가 아니라 소곤거리는 것 같은 속삭임이고 뜻이 살아오는 향기의 맛깔이 좋다는 뜻이다. 시는 사상을 담은 도구이고 아울러 철학을 수용하는 보다 큰 도구일 때, 종교조차도 시 속에 용해되어 보다 큰 위력을 승화하는 힘을 느낄 수 있는 한두현의 시적 묘수는 아름답다.

—채수영(시인, 문학평론가, 前 신흥대 교수, 문학박사)』

그러므로 2019년 새 아침 '각공서재'에서 中里 한두현 서명으로 선언하고 있는 '한두현 03시집 ≪항해하는 지성인≫'에 아로새긴 〈시인의 말〉은 여기 새삼 옷깃을 여미어 숙독할 일이 아닌가 한다.

지성인이이여 항해하라

배불러서일까
등 따스워서일까

바람 부는 대로
물결치는 대로 표류하는 배

여기저기 보이는데
땀 흘려 노 젓는 배 드물어

지성인이여
항해하지 않는다면 난파하리

어렵게 어렵게
무인고도에 닿은들 구차한 삶

누굴 탓하랴
깨어 있지 않는 그대들의 책임인 걸

2019년 새해 아침

각공서재에서

中里 한 두 현

마침내 중리시(中里詩)는 세상을 향해 포효한다. 배부른 돈공(豚公)이든, 등 따습은 우공(牛公)이든 난파한 뱃전에 두 눈 멀뚱거릴 지성이란 아예 눈감고 앞을 내다볼 수 없는 노예 상태란 거다. 중리 시가 2행간(行間)씩으로 언로를 축약한 까닭이 바로 여기에 있다. 시 형식의 전통으로 봤을 때, 일행시(一行詩)는 촌철살인의 아포리즘을 말하는 시의(詩意) 예각화요, 이행시(二行詩)는 사상(思想)과 감정(感情)을 통합해 얼마든지 자유자재로 감성을 위일융합하는 묘미 창출의 절묘한 기법이다.

시인의 심오한 사상(思想)과 감정(感情)의 군더더기를 한 점 티끌만치도 개입시킴이 없이 그 정수만을 클로즈업시켜 이미지 미학의 극대화를 꾀하는 모더니즘시 작시법의 정화다. 중리 한두현 시(詩)의 발전적 모습으로 그의 선배 시인들 김영랑 시 '2행시'가 있는가 하면 만해(卍海) 한용운의 '4행시'가 한국 현대시 100년 사상(史上) 그 찬연한 전범(典範)에 자리하는 것이다.

이제 여기 중리시(中里詩)의 새로운 '두줄시[二行詩]' 집중화 현상이 왜 긴요했는가, 그 까닭부터 살펴보기로 한다.

망설이다
망설이다 보니 일주일이 훌쩍

자식 앞세운 조문
난생처음 하는 일이라 더욱

잘나가던 딸
40대 후반 명문대 나와 좋은 직장

결혼해 아들 하나
남편과 함께 미국에서 해외 근무 중

너무 유능해서
하늘나라에 급히 쓰려 데려간 거라고

운을 뗀 다음
우리 할아버지가 68세 돌아가시기 직전

26세에 돌아가신
내 아버지의 삶을 부러워하셨다는 얘기로

세상에 나와 공부도 실컷 해보고 직장도 가져 보고
결혼도 해보고 아들딸도 낳아 보고 깨끗이 가셨다는 뜻

죽고 사는 건 인간능력 밖
언젠가는 가야 하는 거니까 너무 슬퍼만 할 일은 아닌 듯

－〈참 어려운 조문〉 全文

보시라. 이 얼마나 단장의 부성(父性)을 끊는 어버이 사랑의 안으로 안으로만 인고하는 사랑하는 따님 사별의 애별리고인가. 중리시(中里詩)는 예시(例詩)의 저 만감(萬感)을 내면에 부처님처럼 갈무리할 수 있는 인간 한두현만의 시적 감수성(思想과 感情의 위일융합할 수 있는 지성과 감성)에 다름 아니다. 중리 한두현이 사선(死線)의 중첩된 신환으로 지난 세월 어려운 병상의 중환 수술을 누차 겪어 낸 사실은 그의 불퇴전의 시전집 시군(詩群)이 여실하게 반증

하고 있으니 두말할 일도 아닐 터이다.

시인(한두현)의 삶과 지성이 말해 주는 참 인격과 정신의 한 줄기 빛나는 육친애의 살아 숨쉬는 시적(詩的) 승전보가 다름 아닌 이 예시의 사상과 인생도정인 것이다. 예시의 애석한 따님의 삶과 죽음, 할아버님의 26세에 돌아가신 선고를 떠올리면서 그 후말행 "죽고 사는 건 인간능력 밖// 언젠가는 가야 하는 거니까 너무 슬퍼만 할 일은 아닌 듯" 하다는 시인의 달관은 셰익스피어 소넷의 인간의 시간을 불교적으로 해석한 '달관의 시학'에 우리는 다시 한번 세계적 대문호의 인생 철학에 찬탄을 불금하면서 한두현 시학의 깊이에 또한 거듭 찬탄을 불금하는 것이다.

익히 알려진 바와 같이 셰익스피어는 1564년에 출생하여 1616년에 사망했으니 1646년에 태어나서 1716년에 사망한 철학자 라이프니쯔를 통해 불교가 유럽에 소개된 그 이전의 작가다. 그래서 셰익스피어의 소넷에 나타난 인간 삶의 시간의 문제를 희곡 외에도 154편이나 소넷을 썼는데 그는 이 소넷 중에 많은 작품에서 인간에게 시간의 파괴적인 면을 보여 주고 있다. 그것은 시간이 인간의 늙음, 죽음, 폭군 등의 이미지로 묘사되고 있는 것-이것이 인간에게 미치는 시간의 파괴적인 모습인데, 셰익스피어도 늙어감에 대한 두려움이 컸던 걸 말해 준다.

그리고 육체를 지니고 태어난 모든 생명체는 성장과 노쇠의 과정을 거쳐 죽음에 이르게 된다는 사실이 진리임을 작품으로 말하고 이를 거스르고자 하는 모든 생명체의 노

력은 고통을 느낄 수밖에 없음을 주창했다. 그래서 셰익스피어는 이러한 괴로움을 극복하는 방법으로 결혼을 통한 종족 보존, 사랑, 우정, 시(詩)의 영속성을 제시하여 시간의 파괴적인 면을 극복하고 있는 것이다.

중리시, 한두현 시가 인간 존재의 속성을 덧없음, 괴로움, 나[自我]라고 할 만한 실체가 없음으로 요약하는 덧없음을 철저히 이해하면 존재의 괴로움을 자연히 이해하게 되고 괴로움을 이해하면 영원불변의 실체는 없다는 궁극적인 진리를 이해하게 된다는 것이다. 그 방법이 바로 수행(修行)임을 중리시는, 시인(한두현)은 예시에서 호젓이 설파하고 있다 하겠다.

그의 전집에 묶은 10권의 시집 표지에만도 시인(한두현)의 소나무 조각품은 아름답기 그지없는 예술품이지만 그것은 문외한이 보아도 바로 저 아름다운 수행(修行)의 결정적 산물임을 깨닫게 된다. 그는 시(詩)가 예술임을 온몸 전체로 살아온 시인이며 예술가임을 우리는 여기서도 실감하는 것이다. (행두 넘버는 평설용)

① 얼마 만인가?
어려서 어머니가 답답할 때 가끔 하시던

푸닥거리
불교의 구병 시식이나 천주교의 구마 기도처럼

병이 안날 때
집에서 자주 행하던 잡귀 쫓는 무속의식인데

(…… 생략, 본문 참조)

아내가 한 달여
심한 악몽에 시달리다 못해 택한 처방이 들어

깨끗이 해결
숙면을 하게 되었다니 과학 문명도 모르는 귀신의 존재

엉뚱한 욕심
우리 국민에게 붙어 날뛰는 빨갱이의 넋 쫓아낼 푸닥거리

② 날씨도 쌀쌀

취업도 쌀쌀

장사도 쌀쌀

노사도 쌀쌀

정치도 쌀쌀

경제도 쌀쌀

사회도 쌀쌀

빈부도 쌀쌀

출산도 쌀쌀

안보도 쌀쌀

미래도 쌀쌀

마음도 쌀쌀

종북좌파만 후끈후끈

③ 육 척 장신
청려장 휘적휘적 저으며

걸어가면
자기 시계 보는 사람 있다

벌써 시간
하는 표정 지으며 심심찮게

중고품 시계
송해로 창덕궁로 율곡로 조계사로 인사로

빤짝빤짝
시계 거리 누빈 시절 있었지

원도봉산 아래
아주 오랜 공장장 근무 점심시간

망월사계곡

쌍용사 대원사 산보하면 산장주인

저기저기
시계불알 지나간다 놀릴 만큼

언제고 내 시간
멈출 때 걸어 다니는 시계 자취 감추리

위 예시 3개 작품을 나란히 병치해 보이는 까닭은 중리시[(中里詩, 한두현 시(詩)의 평생에 걸친 지정융합의 시력(詩歷)]의 시적 캐리어가 얼마나 주밀하고 아름다운 미학(美學)에 이르렀는가 한눈에 괄목할 수 있는가, 일목요연하게 들여다 볼 수 있도록 하고자 함이다.

우선 예시 ①은 〈푸닥거리〉 (생략 부분은 시집 본문 참조)인데, 이 시의 메타 텍스트 '푸닥거리' 라는 말부터 따져보자. 이 말은 두말할 것도 없이 우리 전통 민속에서 굿을 할 때 요란하게 삼현육각의 민속 악기를 동원하지 않고 간단하게 음식을 차려 놓고 잡귀를 풀어 먹이는 무당의 굿을 말한다. 시인의 아내가 심한 악몽에 시달리다 못해 이 푸닥거리를 시행했더니 숙면을 하게 되었다고, 과학문명도 알 수 없는 귀신의 존래라 감탄했고, 시인은 이 '귀신의 존재'를 우리 국민에게 붙어 날뛰는 '빨갱이의 넋 쫓아낼 존재'로 인식하게 되었다는 내용의 시일 터이다.

이 시는 시인(중리 한두현)의 샤머니즘 비판 의식과 인간 존재론적 형이상학 의식의 중첩된 의식 현상학 해석이 가미된 컨시트(conceit, 奇想) 이미지 형상미학을 지향한다. 컨시트 이미지 미학이란 17세기 영국의 존 단일파가 창시해 발전시킨 형이상학파시(形而上學派詩, Metaphysical Poetry)가 시에다 기상(奇想, 기이한 이미지)을 활용해 이미지의 활성화를 시도했던 기법이다.

중리시(한두현 시)가 예시에서 해당 기법을 사용하고 있는 바, '귀신의 존재' 와 '빨갱이의 넋' 이 바로 그것들이다. 중리시(예시)가 예시에서 형이상학파시 기괴성의 컨시트 기법으로 인간 존재론 비판 미학을 형상화하고 있음은 놀라운 현대시의 예각성을 드러내 보이는 절창의 솜씨 일환이 아닌가 한다. 그것은 시 후말행에 "우리 국민에게 붙어 날뛰는 '빨갱이의 넋' 이라는 시니피앵(記表)과 시니피에(記意)가 상충하는 컨시트의 활용에서 시인(한두현)의 묘수가 발휘되고 있는 데서 다시 한번 돌올하게 발휘되고 있는 바와 여실한 것이다. 인간 존재론의 따가운 비판 미학이 아닐 수 없겠다.

예시 ② 〈IMF 20주년〉 또한 예시 ②와 같은 동일한 평가를 불금하며 본문 표현력과 역리의 의미가 강고한 이미지즘으로 발현되고 있는 후말행 "종북좌파만 후끈후끈"이라는 표상이야말로 시인(한두현)의 빛나는 메타포어 기법 소산에 다름 아니다.

그리고 예시 ③ 〈걸어 다니는 시계〉에 이르면 한두현 시가 리얼리즘시의 기법에서도 완벽한 표상성에 도달해 있음을 목도하게 된다. 시인의 위의와 지성의 잠재된 용현(龍見, 見은 현으로 읽음)의 존재 현현인 것이다. 현명함을 키우는 용(龍)이 바로 주역(周易)에서 말하는 이 잠룡(潛龍)이다. 시인(한두현)이 청려장 휘적휘적 저으며 삶[人生]을 시(詩)로써 살아온 그 존대받을 인간 자취(저기저기/ 시계불알 지나간다 놀릴 만큼// 언제고 내 시간/ 멈출 때 걸어 다니는 시계 자취 감추리)로 스스로의 인종(忍從) 끝에 활연대오한 자리에 서고자 자존하는 시인이 바로 중리시의 승리자 참시인 한두현 시인일 터이다.

임마뉴엘 칸트가 마을길을 걷던 시각에 마을 사람들이 그 시각을 알아맞추던 그 위대한 철학자의 삶의 시간 자취가 어떻게 이다지도 한두현 시인의 삶의 시간과 같다는 말인가. 셰익스피어가 시간의 파괴성에 일찍이 지성을 눈떴던 그 문학성과 칸트의 그 철학성이 한꺼번에 시인(한두현)에게 합쳐진 행운이란 말인가(!). "언제고 내 시간/ 멈출 때 걸어 다니는 시계 자취 감추리" 참으로 눈물 어린 시인의 인생 종착역에서나 울려오는 영원한 인간만이 울려줄 아름다운 영원한 종소리련가—.

이제 이쯤에서 저 300년 전의 형이상학파시 거목 존단이나 그 300년 지난 오늘의 세기에 걸쳐서까지 세계 지성인의 삶의 방향타를 선도해 온 모더니즘시 효장 엘리어드 시정신을 선도 계승해 온 이른바 형이상학파(形而上學派)시의 전범(典範)을 중리시(한두현 시)에서 유심히 거론해볼 게재이다. 이 중리시(한두현 시)는 버킷리스트(Bucket

List), 즉 죽기 전에 꼭 하고 싶은 일의 목록을 다음과 같이 은유시화(隱喩詩化)하고 있다.

나의 버킷리스트

1호도 moon정복
2호도 moon정복
3호도 moon정복

100호도 moon정복

한국 최초
세계 최고령자로

확실하게
질근질근 밟아 주고 싶다

—〈나의 버킷리스트〉 全文

예시의 창작자(중리 한두현 시인)는 예시에서 은유시 기법에 실어서 시인이 그가 생전에 꼭 이행하고 싶은 사업을 인류의 'moon정복'에 목표를 설정해 놓고 한국 최초로 세계 최초, 세계 최고령자로서 정복하고 싶다는 욕망을 형상화하고 있다. 이 텍스트의 12행(점선처리 생략 3행) 표현

(Render)을 알렌 테이트의 유명한 텐션[tension, 시적(詩的) 긴장감]론에 입각해 보면 우선 이 시의 겉으로 표현된 외연작용(外延作用, extension)과 이 시가 내포하고 있는 내연작용(內延作用, intension)은 이 두 요소가 합쳐지는 것은 있을 수가 없다.

우선 이 시가 가진 외연작용(表示的 기능)은 시인(한두현)이 필사(必死)의 목표로 정하고 있는 moon정복인데, 죽기 전에 기필코 "질근질근 밟아 주고 싶다"는 시인의 결의가 독자에게 내연작용(暗示的 기능)으로 읽혀서 이 두 기능이 작용해서 만들어 내는 제3의 속성, 즉 표시적[理性的] 기능과 암시적(감정적) 기능을 적용시킨다면, 독자가 갖고 있는 그 두 가지 극단적인 속성이 통일되어 생기는 새로운 역학적(力學的)인 긴장상태가 이 시의 참모습이라는 것이다. 쉽게 말해 이 시는 moon정복을 100호까지 쏘아 올리기를 시인이 죽기 전까지 쏘아 올려 확실하게 '질근질근 밟아 주고 싶다' 는 암시적인 적의(敵意, hostility)냐, 적의(適宜, fitress)냐의 두 가지 중에, 즉 시인의 moon정복 필사의 사업에 대한 의도(詩作 의도)가 어디에 있는가 그 진의가 드러나게 된다.

이 텍스트의 긍정적인 난해성은 표시적 기능의 표현(Render)이건, 시어의 암시적 기능을 읽어 내는 첫 단계에서부터 후말 두 행 "확실하게/ 질근질근 밟아 주고 싶다"에 이르기까지 알렌 테이트의 텐션론을 실천한 한두현 시의 평생의 역작술(力作述) 중에 한 분야인 쌔타이어 시정신이 예시의 저변에 깔려 있음도 귀중한 예시(例詩)가 거두고 있는 이번 시집 ≪항해하는 지성인≫의 놀라운 수확이 아닌가 한다.

가을이
오긴 왔나 보다

바람이
하늘 구름 걷어 내니

다가오는 여인
얼굴 10년은 젊어 보이고

앞서가는 여인
궁둥이 20년은 젊어 보이니

가슴속 이는 바람
태풍 되어 감당하기 어려워라

―〈가을〉 全文

여기 피날레에 또한 놀라운 중리시(中里詩) 한 수(首)로 척박하게나마 평설글을 갈무리한다. 예시(例詩) 첫연 "가을이/ 오긴 왔나 보다"와 후말연이 "가슴속 이는 바람/ 태풍 되어 감당하기 어려워라"는 시인(한두현)의 이 텍스트 집필 시기 마음속에 느낀 심정이 수미쌍관(首眉雙關)의 오의(奧

義)를 내함코 있다.

첫연, 가을이/ 오긴 왔나 보다와 같이 무심코 내뱉은 듯한 시인의 계절 감각은 그 다음 3개 연의 불특정 여인들에 대한 이성성(異性性)이 개입된 관찰이 심상찮은 결말에 이른다. 최종연 가슴속 이는 바람/ 태풍 되어 감당하기 어려워라에 내함된 형이하학적 감흥이 독자 가슴에까지 불어닥치는 바가 바로 이 시의 공자(孔子)가 주역에 이르기를 "이치(理致)는 하나이나 생각이 백 가지이니 천하(天下)가 무엇을 생각하고 무엇을 근심하겠는가?"일 터이다.

여기에 요긴한 것이 행동은 반드시 성인지도(聖人之道)에 대한 항심(恒心)으로 일관해야 한다고 한다. 언행이 일치되어야 정도(正道)의 길이 열리기 때문이다. 시인 한두현의 중리시(中里詩)가 예시 〈가을〉처럼 심오한 오의(奧義)와 아름다운 언어로 빚어진 어거력(馭車力)에 구축되고 있음은 이미 총정리된 '한두현 시전집'으로 세상에 그 현란한 광휘로움의 빛을 뿜고 있어 여기 더 이상의 췌언을 그치고자 한다.

中里 한두현(韓斗鉉) 시인

■ 약력

- 1938년 서울 상왕십리 출생.
  부친 별세로 고향인 강원 원주 부론 노숲 성장(돌 때부터)
- 초등학교 6학년 때 6.25발발 2년간 농업에 종사하느라 진학이 늦어짐
- 중학 3학년 때 학생회장으로 정의심 발동으로 전교생을 7일간 동맹휴학으로 이끌어 목적을 달성하였으나, 장기정학처분 및 수석졸업에 品行可를 받음
- 국립교통고등학교(국비) 졸업. 서울대학교 공과대학 졸업
- 35년간 섬유업계 종사, 상장회사 대표이사 사장 역임 후 자진 은퇴, 제3인생 시작
- 국가발전기여공로 석탑산업훈장 수훈
- 기술사, 발명가, 글지이, 조각가
- 문예사조 시 신인상 당선 문단 데뷔
- 문예사조문인협회 회원, 서울시낭송클럽 상임위원
- 한국문인협회 회원, 국제펜 한국본부 회원

■ 수상(詩부문)

- 문예사조문학상 본상 수상
- 한국자유시인상 대상 수상
- 未堂徐廷柱시회상 수상
- 한국문학비평가협회 문학상 수상

■ 시집

- 인연(제1시집)
- 인왕산(제2시집)
- 서원의 길(제3시집)
- 마중물(제4시집)
- 몽당연필(제5시집)
- 징검다리(제6시집)
- 태풍아(제7시집)
- 어느 여의사(제8시집)
- 몰록(제9시집)
- 호모사피엔스(제10시집)
- 한두현 詩전집 1 · 2
- 말문이 열린 江(01시집)
- 촛불의 푸념(02시집)

■ 저서

- 자식을 부모의 팬으로 만들어라
  〈자녀교육해법 124장〉 나남출판
- 자식에게 무엇을 가르쳐 세상에 내보낼 것인가
  〈뿌리교육해법 124장〉 나남출판
- 자식을 우리의 옛 이야기로 길러라 1, 2
  〈이야기 인성교육 620마당〉 나남출판
- 자식교육 이제는 프로부모의 시대다
  〈전문부모의 길 74장〉 나남출판

한두현 제03시집

항해하는 지성인

초판 인쇄 2019 년 2 월 7 일
초판 발행 2019 년 2 월 12 일

지은이 | 한두현
펴낸이 | 김효열
편 집 | 이미정
마케팅 | 김효숙 · 김영미 · 박미옥

펴낸곳 | **을지출판공사**

등록번호 | 1985 년 2 월 14 일 제 2-741 호
주 소 | 서울시 마포구 양화진길41, 603호
우편번호 | 04083
대표전화 | 02) 334-4050
팩시밀리 | 02) 334-4010
전자우편 | ejp4050@hanmail.net

값 15,000원

ISBN 978-89-7566-176-1 03810